Superando a dor entre nós

MARSHALL ROSENBERG

Superando a dor entre nós

RESTABELECIMENTO E RECONCILIAÇÃO
SEM FAZER CONCESSÕES

Apresentação das ideias da
Comunicação Não Violenta e sua aplicação

TRADUÇÃO
Tônia Van Acker

Palas Athena

Título original: *Getting Past the Pain Between Us*
Copyright © 2005 Marshall B. Rosenberg, Ph. D.

Grafia segundo o Acordo Ortográfico da Língua Portuguesa de 1990,
que entrou em vigor no Brasil em 2009.

Coordenação editorial: Lia Diskin
Revisão técnica: Silvio de Melo Barros
Revisão de texto e provas: Rejane Moura
Capa, Projeto gráfico, Produção e Diagramação: Jonas Gonçalves

Dados Internacionais de Catalogação na Publicação (CIP)
(Câmara Brasileira do Livro, SP, Brasil)

Rosenberg, Marshall
  Superando a dor entre nós : restabelecimento e reconciliação sem fazer concessões / Marshall Rosenberg ; tradução Tônia Van Acker. – 1. ed. – São Paulo : Palas Athena Editora, 2020.

  "Apresentação das ideias da Comunicação Não Violenta e sua aplicação".
  Título original: Getting past the pain between
  ISBN 978-65-86864-10-6

  1. Comunicação interpessoal 2. Dor 3. Psicologia 4. Relações humanas I. Título.

20-44863   CDD-153.6

Índices para catálogo sistemático:
1. Comunicação interpessoal : Psicologia 153.6
Maria Alice Ferreira - Bibliotecária - CRB-8/7964

1ª edição, outubro de 2020

Todos os direitos reservados e protegidos pela Lei 9610 de 19 de fevereiro de 1998.
É proibida a reprodução total ou parcial, por quaisquer meios,
sem a autorização prévia, por escrito, da Editora.
Direitos adquiridos para a língua portuguesa por Palas Athena Editora.

Alameda Lorena, 355 – Jardim Paulista
01424-001 – São Paulo, SP – Brasil
Fone (11) 3050-6188
www.palasathena.org.br
editora@palasathena.org.br

Sumário

7 Introdução
9 Encenação: Curando a amargura
13 Reflexões após a encenação
15 Primeira etapa do restabelecimento: Conexão empática
17 Empatia versus piedade
19 Manter a presença mesmo diante de fortes sentimentos
21 Etapas da empatia
25 Revisão da primeira etapa do restabelecimento: Empatia
27 Segunda etapa do restabelecimento: O lamento na CNV
29 Desempacar
33 Últimas etapas: Reconhecer necessidades passadas e a empatia reversa
35 Processo versus mecânica
37 Desacelerar e não ter pressa
39 Empatia por aqueles que estão prestes a magoar você
41 Lidando com seu próprio comportamento raivoso
45 Aprendendo a lidar com pessoas difíceis
47 Encenação: Raiva da mãe
55 Reações à encenação
57 O presente que Marshall recebeu de sua mãe
61 Resumo
64 Apêndice
    Os quatro componentes da CNV 64
    Lista de alguns sentimentos universais.......................... 65

Lista de algumas necessidades universais 65
Sobre a Comunicação Não Violenta 67
Sobre o Center for Nonviolent Communication 69
Sobre o autor 71

Introdução

A presente obra é transcrição de excertos de um workshop ministrado em 4 de outubro de 2002 por Marshall Rosenberg, fundador do Center for Nonviolent Communication. Ela trata da reparação de nossos relacionamentos mútuos e promove habilidades que permitem compreender e resolver conflitos, cuidar de mágoas antigas e desenvolver relacionamentos satisfatórios usando a Comunicação Não Violenta – CNV.

Neste livro você conhecerá os passos para restabelecer ou harmonizar qualquer relacionamento abalado, seja no ambiente de trabalho, em casa, na escola ou na comunidade. Nestas páginas você também ficará conhecendo o tipo de energia gerado pela empatia: a compaixão e a presença genuína, condições necessárias para que o restabelecimento aconteça. As habilidades de Comunicação Não Violenta oferecem o empoderamento de que precisamos para construir uma paz duradoura, e mesmo para evitar que os problemas surjam. Envolvendo-se neste diálogo que aconteceu no seminário de Marshall Rosenberg podemos desfrutar da encantadora compreensão que surge quando falamos e escutamos a partir do coração.

Nosso aprendizado começa com uma encenação, na qual Marshall Rosenberg assume um papel a partir da situação proposta por um participante do seminário. Nas encenações, os participantes são identificados como Mulher (mulher não identificada), Homem (homem não identificado) e MR (Marshall Rosenberg).

Os demais textos são todos de Marshall Rosenberg.

Encenação: Curando a amargura

Boa tarde! Muito bem, o que gostariam que eu partilhasse com vocês sobre cura e reconciliação que poderia atender às suas necessidades? Gostariam que eu falasse a respeito, ou talvez vocês tenham alguma mágoa antiga do passado e queiram encená-la?

Mulher: Gostaria de saber como me livrar de uma grande amargura que tenho em relação a determinada pessoa.

MR: Usarei a Comunicação Não Violenta para desempenhar o papel da pessoa em relação à qual você nutre esta grande amargura. O que acha? Eu farei o papel dessa pessoa, mas conversarei com você como alguém que sabe usar a Comunicação Não Violenta. Você só precisa dizer o que tiver vontade. Compreendeu como isto funciona? Ótimo. Eu farei o papel de quem?

Mulher: Meu irmão.

MR (já assumindo o papel de irmão): Irmã, estou muito tocado que você queira superar a amargura entre nós, e também pela coragem de tentar. Adoraria se você me dissesse o que está sentido agora em relação a mim. Somente diga com simplicidade o que estiver acontecendo dentro de você agora.

Mulher: Tenho um sério problema ético com você. Você não foi honesto comigo, nem confiável na época em que nossos pais estavam doentes. Quando o procurei para tentar conversar sobre esse assunto, você não quis. Você só queria esquecer o passado. É isso que sempre fez, a vida inteira. Você diz que o problema é meu, não quer lidar com a questão. Tudo que me perturba não parece ter nenhuma importância para você.

MR: Você disse muita coisa, muitos sentimentos diferentes. Deixe-me ver se compreendi tudo. Percebo muita raiva relacionada a uma necessidade que você tinha de mais apoio durante a velhice de nossos pais. É isso mesmo?

Mulher: É isso mesmo.

MR: Então, é verdade; e você gostaria que eu compreendesse como foi difícil para você passar por tudo aquilo, e como você gostaria de ter tido a minha ajuda – e além de não ter recebido de mim o apoio que queria, acho que ouvi outras coisas também. Algumas coisas que tenho feito desde então em relação a questões familiares, igualmente, a deixaram muito magoada. Parece que você realmente gostaria que as decisões tivessem sido tomadas de outro modo.

Mulher: Exatamente.

MR: Certo. Em especial porque não foi a primeira vez que aconteceu de suas necessidades não terem sido levadas em conta da maneira como gostaria. É isso mesmo? Entendi corretamente?

Mulher: Entendeu sim.

MR: Você gosta de mim quando estou ouvindo com empatia?

Mulher: Sim! Você quer ser meu irmão?

MR: Certo, então, ainda usando os ouvidos empáticos, gostaria que você me dissesse o que mais está acontecendo dentro de você, produzindo vivos sentimentos em você.

Mulher: Você diz que quer fazer as pazes comigo, mas eu não consigo. Você não me ajuda a resolver nenhum problema familiar, e não quero mais viver assim.

MR: Se compreendi bem sua necessidade, você quer se proteger da dor que sentiu no passado quando me pediu ajuda e tentou resolver as coisas e nada disso aconteceu. Você cansou. É como se parte de você quisesse reatar comigo, mas não se isso significar ter de passar de novo pela dor e mágoa que experimentou no passado.

Mulher: Correto. Ainda estou num dilema, porque não consigo acreditar que há jeito de isso funcionar bem. Se voltarmos ao relacionamento que tínhamos, será péssimo para mim, mas ficar afastada de você não me parece natural.

MR: Então você está dividida. Tem duas necessidades: uma de reconciliação e reaproximação; a outra é um forte impulso de se proteger. Você não vê como pode atender às duas necessidades ao mesmo tempo.

Mulher: Isso mesmo.

MR: É um conflito muito doloroso.

Mulher: É sim.

MR: Tem alguma outra coisa, irmã, que você gostaria que eu soubesse antes de eu dizer o que sinto em relação a tudo que você falou?

Mulher: Não.

MR: Ouvindo você falar agora, com ouvidos empáticos, sinto uma tristeza muito, muito profunda, porque vejo que deixei de atender às minhas próprias necessidades ao fazer algumas dessas coisas no nosso relacionamento: minha vontade de cuidar de você como gostaria, de contribuir para o seu bem-estar. Vejo que minhas ações tiveram o efeito oposto, que provocaram muita dor em você, e isso me deixa muito triste... sinto-me vulnerável agora... Gostaria de saber o que você sente sabendo disso.

Mulher: Você provavelmente está no mesmo dilema que eu, no sentido de que você não sabe como atender às minhas necessidades sem ficar numa posição muito desconfortável para você mesmo...

MR: Eu te agradeço por enxergar isso, e agora realmente gostaria que você escutasse o quão mal eu me sinto por não ter atendido à minha própria necessidade de contribuir para o seu bem-estar da forma que gostaria.

Mulher: Fico grata.

MR: E agora gostaria de contar o que estava acontecendo comigo no tempo em que agi desse modo no nosso relacionamento. Acho que de certo modo você já percebeu, mas gostaria de deixar isso muito claro. Em primeiro lugar, sobre essa questão de não ter te apoiado mais para lidar com o estresse do tempo da doença de nossos pais. Eu ouvia uma voz interna me dizendo que deveria ajudar, e que era um covarde por não te apoiar mais. E porque eu me sentia tão culpado, não consegui ouvir a sua tristeza de modo compassivo. Seus pedidos me soavam como exigências. Fiquei dividido porque eu queria ajudar, mas sentia muita raiva daquilo que me pareciam exigências. Eu me sentia culpado, e não consegui lidar com todos esses sentimentos de uma vez só. Minha única reação foi tentar evitar tudo que se relacionasse a esse assunto. Queria saber o que você acha disso.

Mulher: Faz sentido... explica muita coisa.

MR: Da mesma forma que você tem mágoas em relação a mim, eu também tenho mágoas que não soube expressar para você sobre coisas que aconteceram no passado. Gostaria de ter sabido como falar a respeito, mas sentir aquela dor e não saber como expressar fez as coisas saírem de modo raivoso na sua frente. Gostaria de ter conseguido dizer tudo aquilo de modo muito diferente. O que você sente ao saber disso?

Mulher: É bom saber disso.

MR: Tem mais alguma coisa que você gostaria de dizer, ou que você gostaria de saber de mim?

Mulher: Acho que eu gostaria de saber como resolver esta situação de modo que fique confortável para nós dois. Desse ponto em diante podemos seguir a vida. É uma confusão que precisamos arrumar. Estou disposta a ouvir o que você quiser dizer para começar o diálogo.

MR (ainda no papel do irmão): Eu tenho uma ideia. O que você acha do seguinte: Que tal você pedir ao pessoal que gravou esta sessão para mandar o áudio para mim? Seria um começo. E depois disso você pode me telefonar e perguntar se eu gostaria de continuar este tipo de diálogo, talvez com a ajuda de alguém de fora?

Mulher: Ótima ideia.

MR: Certo. É isso que faremos.

Mulher: Obrigada!

[Fim da encenação.]

Reflexões após a encenação

Muito bem, alguém quer comentar algo? Alguma pergunta?

Mulher: O que você recomendaria no caso de não ser possível enviar a gravação?

MR: Acredito que boa parte da cura que ela precisava aconteceu, penso que lidamos bem com a mágoa. Ela agora quer aprofundar o relacionamento. Isso mostra como a presença física do outro não é necessária para cuidar das nossas feridas. Claro que seria bom agora aprofundar o vínculo com o irmão e até ir mais adiante, mas não é desejável depender da disponibilidade do outro para operar a nossa própria cura. Em especial se o outro não está mais entre os vivos, ou encontra-se inacessível. Felizmente, podemos nos curar de maneira plena sem a presença da outra pessoa.

Homem: Caso eu tenha ressentimento em relação a uma pessoa, que não consigo curar sozinho, me parece que é muito importante ter alguém que saiba a linguagem da CNV e possa interagir comigo. Como você fez agora. Alguém que saiba escutar os meus problemas com empatia. Portanto, gostaria de saber se existe um método para fazer isso, caso eu não tenha um amigo como você?

MR: Sim. Você pode fazer isso consigo mesmo. Com certeza, o melhor seria poder ter a presença do irmão. Isso seria extremamente potente. Ele faria o papel dele mesmo. Mas é possível conseguir desfazer esse nó sem ele.

Vou esquematizar os passos que percorremos para ajudá-los nesse processo. É muito importante observar que não falamos quase nada sobre o passado. A irmã fez uma breve referência ao que eu, o irmão, havia feito. Mas não entramos em detalhes. Isto é algo que descobri ao longo dos anos: quanto mais se fala sobre o passado, mais difícil se torna superar os traumas. A maior parte da nossa conversa foi sobre o que estava vivo em nós naquele momento. Falamos sobre o presente, sobre o que ela ainda sente em decorrência do passado.

Muita gente pensa que é preciso compreender o passado para se curar. E que é necessário contar a história para compreender. Confundem compreensão intelectual com empatia. A empatia é a fonte da cura. A narração da história traz compreensão intelectual sobre as razões pelas quais a pessoa agiu da forma como agiu – mas isto não é empatia, e não nos move na direção da cura. De fato, recontar a história pode aprofundar a dor. É como reviver o trauma. Portanto, não negamos o passado e fizemos referência a ele (às ações do irmão) mas sem entrar em detalhes. Não dissemos, por exemplo: "Eu tinha que levar a mamãe a todas as lojas, e não só isso, mas quando o papai adoeceu, você sabe, isso, isso e mais aquilo". Quanto mais ela falasse sobre essas coisas, menos cura viria do processo. Especialmente quando estamos diante da pessoa que nos magoou. Essa pessoa não perceberá que meu objetivo é fazer com que ela compreenda a minha dor. Ela pensará que meu objetivo é criar caso e mandá-la para o inferno.

Mulher: Fiquei pensando que talvez o irmão tenha alguma questão que não expressou para a irmã. Será? E se ele tem algo contra ela?

MR: No papel de irmão, no final eu disse a ela: "Sinto certa mágoa que não sei como expressar". Basta dizer isso. Falei que ainda sentia alguma mágoa com relação ao passado e que precisava de compreensão e, neste caso, compreensão não significa que tenho de contar a história toda ou falar sobre o passado.

Mulher: Certo.

MR: Significa apenas que ela ouviu. Vi em seus olhos que ela me escutou.

Mulher: Entendi.

Primeira etapa do restabelecimento: Conexão empática

A primeira coisa que devemos ter bem clara é: seja no caso de curar a si mesmo, seja no caso de ajudar outra pessoa a se restabelecer, é **preciso colocar o foco naquilo que está vivo agora**, não no que aconteceu no passado. Se for preciso falar sobre o passado, que sejam cinco palavras, não mais: "Quando você fugiu de casa", "Quando você me bateu", seja lá o que for.

A primeira etapa da cura envolve ter empatia com aquilo que está vivo agora por causa do que aconteceu no passado. No meu papel como irmão, fiz uma **conexão empática** com aquilo que ela estava sentindo aqui e agora. Para fazer isso, são necessários alguns passos.

O primeiro passo da conexão empática é o que Martin Buber considera a dádiva mais preciosa que um ser humano pode dar ao outro: a presença. Ao desempenhar o papel do irmão eu me fiz totalmente presente ao que estava vivo nela naquele momento. Não pensei no que ia dizer em seguida, nem no que aconteceu no passado.

Esta é uma dádiva difícil de oferecer a alguém porque significa que não posso trazer nada do passado. Mesmo um diagnóstico que eu tenha feito da minha irmã no passado pode atrapalhar a empatia. Por isso a minha formação como psicanalista clínico foi um prejuízo para mim. Aprendi a sentar e pensar sobre o que aquela pessoa estava dizendo e como interpretá-la intelectualmente, mas não me ensinaram como estar presente de modo pleno diante dela (pois isto é a fonte de toda cura). Para estar plenamente presente é preciso jogar pela janela toda a minha formação clínica, todos os meus diagnósticos, todo o conhecimento anterior sobre os seres humanos e seu desenvolvimento. Tudo isso só me oferece compreensão intelectual e bloqueia a empatia.

A melhor descrição que posso oferecer a vocês sobre a empatia é que ela passa a sensação de estar em cima de uma prancha surfando. Você tenta sintonizar com a energia da onda, tenta ouvir o que está vivo no aqui e agora. Você procura se movimentar no ritmo da vida que está dentro do outro. Às vezes consigo fazer isto melhor olhando para o chão do que para a pessoa, me distraindo com a imagem da pessoa e outras coisas.

Mulher: Meu problema é que eu acabo caindo na piedade.

Empatia versus piedade

Empatia, piedade – é bom esclarecer logo a diferença. Se percebo dentro de mim um forte sentimento, tendo consciência desse meu sentimento não é empatia. Ou seja, se eu, como irmão, dissesse: "Nossa, eu me sinto arrasado quando você diz isso", isto seria culpa e não empatia. Tente se lembrar de alguma ocasião em que você estava sentindo uma dor de cabeça ou de dente e aí mergulhou em uma leitura muito interessante. O que aconteceu com a dor? Você esqueceu dela. A dor estava presente, ou seja, a condição física não tinha mudado, mas você não estava na dor. Estava mergulhado no livro, visitando o mundo do livro. Isto é empatia: quando você visita o mundo do outro.

Na empatia estamos com a outra pessoa. Não significa que sentimos o que ela está sentindo. Estamos ao lado dela enquanto ela experimenta aqueles sentimentos. Mas, digamos que eu tire minha atenção daquela pessoa por alguns momentos, talvez eu observe dentro de mim que estou sentindo uma forte emoção. Nesse caso, não devo tentar reprimir meus sentimentos. Eles me mostram que eu não estou com a outra pessoa. Significa que voltei para a minha casa. Nesse momento, digo a mim mesmo: "Retorne para a outra pessoa".

No entanto, se estou sofrendo muito, não consigo oferecer empatia. Nesse caso devo dizer: "Estou sofrendo tanto por ter ouvido você falar essas coisas, que não estou mais em condição de escutar. Será que você me daria alguns minutos para eu lidar com meus sentimentos e conseguir voltar para ouvir você?"

É importante não confundir empatia com piedade, porque quando o outro está sofrendo e você diz: "Ah, compreendo como você se sente e estou arrasado diante de tudo isso", estará tirando o foco do outro e colocando o foco em você.

Às vezes digo uma frase sobre a CNV que muita gente detesta: Para ter empatia é preciso "aprender a desfrutar a dor dos outros". Por que eu usaria uma frase aparentemente tão cruel? É porque quando eu ia a San Diego, uma amiga minha me ligava e dizia: "Marshall, vem desfrutar a minha dor". Ela sabia que eu sabia o que ela queria dizer com isso. Ela tinha uma doença muito dolorosa e costumava dizer que se sentia pior ainda por ter de lidar com a reação dos outros à dor dela. A reação de pena das pessoas, que brota de seu bom coração, criava tantos problemas que ela preferia ficar sozinha com sua dor do que ter de acabar cuidando dos outros por causa da dor dela. Esse é o motivo pelo qual ela me dizia: "Gosto de ligar para você, seu coração é de gelo, você é um tremendo filho da mãe. Sei que posso te ligar e você não vai dar a menor bola para ninguém, você só liga para você".

Ela sabia que eu entendia essa "gíria CNV". Ela sabia que eu considerava isso um prazer, algo precioso, estar presente de um modo especial, estando ela na alegria ou na dor. É claro que prefiro quando o outro está sentindo alegria, mas é um prazer simplesmente estar ali com a outra pessoa e com o que quer que esteja vivo dentro dela. Isso é o que minha amiga queria dizer com a expressão "desfrutar a dor dela".

Homem: Como se manter realmente presente e não ser varrido para dentro dos sentimentos do outro?

Manter a presença mesmo diante de fortes sentimentos

Não consigo fazer isso o tempo todo. Tentei fazer um trabalho de cura com uma mulher algeriana. Foi um pedido dela. Os extremistas a obrigaram a assistir sua melhor amiga ser amarrada a um carro e arrastada até a morte. Depois, a levaram para dentro de casa e a estupraram na frente dos pais dela. Eles pretendiam voltar na noite seguinte para matá-la, mas ela conseguiu um telefone e ligou para uns amigos meus em Genebra, que deram um jeito de tirá-la de lá no meio da noite.

Eu morava perto, na Suíça, e eles me telefonaram: "Marshall, será que você pode fazer um trabalho de cura com essa mulher?" Eles me contaram o que tinha acontecido. Eu estava dando um curso durante o dia, mas disse a eles que a receberia à noite. "Marshall, só tem um problema. Nós contamos a ela como você faz esse trabalho de cura, que você desempenha o papel da outra pessoa. Ela está com medo de matar você." Perguntei se eles tinham explicado que era só uma dramatização, que a pessoa que a agrediu não estaria lá. "Ela compreendeu. Mas diz que mesmo se ela imaginar que você é a outra pessoa, vai te matar, tem certeza disso. E, Marshall, preciso te avisar que ela é bem forte."

Agradeci a eles pelo aviso e disse que seria preciso ter um tradutor na sala, e que talvez isso a fizesse sentir mais segura, pois haveria mais gente conosco. Expliquei que no meu curso havia um rapaz de Ruanda e que, depois de tudo que ele tinha passado, não ficaria assustado com o que quer que fosse. Pedi que perguntassem a ela se se sentiria segura com esse rapaz de Ruanda traduzindo, e que dissessem que ele estaria lá se eu precisasse de ajuda. Isso foi o combinado para o meu trabalho com ela.

E agora, para responder à sua pergunta: Quando comecei a ouvir a dor dessa mulher, a enormidade de seu sofrimento, duas vezes tive que pedir um intervalo. Precisei sair até o corredor e trabalhar muito comigo mesmo para conseguir voltar. Para mim não era simples "voltar para ela". A única coisa que eu queria fazer era achar os agressores e aplicar uma "terapia estilo Detroit" neles. Tive que me trabalhar durante vinte minutos para voltar à sala.

O que estou dizendo, portanto, é que às vezes minha dor é tão intensa que não consigo estar tão presente como gostaria. Mas não é um problema insolúvel. Em geral a outra pessoa entende.

Homem: Marshall, você não acha que às vezes ajuda se você partilhar a dor com a outra pessoa?

MR: Muitas vezes faço exatamente isso. Digo à outra pessoa: "Estou sofrendo e não consigo ouvir você agora. Você quer me ouvir ou está sentindo muita dor também?" Acho que 50% das vezes a pessoa quer ouvir e consegue. Portanto, esta é outra opção. Entretanto, nesse caso da algeriana, ela chorava e gritava tão alto que eu achei que ela não estava na disposição certa para ouvir a minha dor.

Etapas da empatia

Voltemos às etapas da empatia sobre as quais estávamos falando. Em primeiro lugar, a empatia exige presença; foco naquilo que está vivo na outra pessoa no momento presente, seus sentimentos e necessidades. Em segundo lugar, é preciso verificar sua compreensão com a outra pessoa, para ter certeza de que você está conectado com os sentimentos e necessidades dela. Esses dois passos podem ser feitos em silêncio, apenas estando plenamente presente, voltando sua atenção aos sentimentos e necessidades do outro.

É possível também conferir o acerto da nossa compreensão de forma verbal, falando em voz alta aquilo que intuímos que a outra pessoa está sentindo e precisando. É importante lembrar que a intenção deve ser a de criar empatia, ao contrário de praticar uma técnica mecanicamente. O principal motivo para verificar em voz alta é ter a certeza de que estamos nos conectando a esta outra pessoa. Não queremos que o outro sinta que estamos aplicando uma técnica. Nessa fase de verificação, é preciso proceder de modo que o outro perceba que estamos de fato tentando nos conectar e querendo verificar qual é a realidade dele.

A outra situação na qual é aconselhável verificar – mesmo que estejamos bem confiantes de que ouvimos corretamente – é quando percebemos que o outro realmente se colocou numa posição de grande vulnerabilidade ao dizer o que disse. Colocando-nos no lugar do outro é fácil sentir que ele gostaria de ter certeza de que compreendemos. Estas são as duas situações nas quais comunicamos a empatia em voz alta ao invés de em silêncio.

Recentemente estive na Dinamarca e trabalhei com uma mulher que estava experimentando uma dor imensa. Vinte minutos se passaram. Ela de fato expressava sua dor de modo belo, mas o fazia muito cruamente. Não senti necessidade alguma de repetir minha compreensão em voz alta, portanto, fiquei só ouvindo em silêncio por vinte minutos. No final ela saltou da cadeira e me abraçou dizendo: "Obrigada, Marshall, por sua empatia!" Eu não tinha dito coisa alguma. Ela sentiu sem que uma só palavra fosse dita.

Mulher: Portanto, na empatia estamos vazios de nós mesmos e plenos da outra pessoa.

MR: Na empatia estamos plenamente **com** o outro – não plenos do outro, pois isto seria piedade. O terceiro passo é ficar com o outro até que ele lhe dê sinais de que terminou. Estejam cientes de que a primeira e segunda mensagens que a pessoa comunica em geral são apenas a ponta do iceberg. Não chegamos à base. Há alguns sinais que nos ajudam a perceber se a pessoa já recebeu suficiente empatia. O primeiro sinal é um alívio perceptível. A empatia dá uma sensação muito boa, portanto, se a pessoa recebeu toda a empatia de que precisava, conseguiremos sentir o alívio, e você perceberá no seu próprio corpo. Todos que estiverem na sala sentirão. Outro sinal é que muitas vezes a pessoa para de falar.

O quarto passo não acontece antes de a pessoa sentir esse alívio. Durante o processo de empatia, se cada vez que eu compreendo algo a pessoa volta a falar "Sim, e isso e isso e mais aquilo", é sinal que precisa de mais empatia. Mas, quando sinto esse alívio da tensão, quando vejo que a pessoa para de falar, é provável que já tenha recebido toda a empatia de que precisava. Mesmo assim, sempre gosto de uma terceira comprovação: "Você gostaria de dizer mais alguma coisa?" Aprendi a mudar o foco da pessoa para mim muito lentamente. Nunca é demais verificar.

Seria ótimo se as pessoas com as quais estamos trabalhando soubessem dizer: "Pronto. Acabei". Mas a maioria não sabe.

E boa parte das vezes, mesmo depois de receber empatia, elas querem algo mais. Nosso quinto passo, portanto, é oferecer empatia ao seu pedido "pós-empatia", aquele algo a mais que desejam. Pode ser uma informação sobre como nos sentimos ao ouvir o que elas disseram, especialmente no caso de terem se colocado numa posição muito vulnerável.

É natural do ser humano querer saber como a sua própria fala afetou os outros. Mesmo assim, a maioria das pessoas não sabe pedir esse retorno. Portanto, se depois da empatia eu vejo que a pessoa fica olhando para mim, em geral, pergunto: "Você gostaria de saber o que sinto a respeito do que você acabou de dizer?". Algumas vezes a pessoa quer saber como me sinto, outras vezes não.

Além de querer informação sobre como se sente a pessoa que ofereceu empatia, muitas vezes o pedido pós-empatia envolve algum tipo de conselho sobre como melhor satisfazer suas necessidades. Quando se trata de um filho, nunca dê conselho a não ser que receba uma petição com a assinatura de um advogado. Verifique três vezes se eles realmente querem um conselho, pois em geral minha reação imediata é dar conselhos sem passar pela fase da empatia.

Revisão da primeira etapa do restabelecimento: Empatia

Começamos comigo fazendo o papel do outro – o irmão – que ofereceu empatia à irmã por seu sofrimento. Ao falar com ela, senti que ela gostaria de saber se eu entendi corretamente, e verifiquei em voz alta várias vezes. Tentei me manter plenamente presente a seus sentimentos e necessidades. Observem que fiz isso no papel de irmão. Por que não fiz isso como eu mesmo, Marshall? Acredito que qualquer pessoa que oferecesse empatia a ela poderia ajudar na cura. Contudo, ao longo dos anos, descobri que, quanto mais próximo do real, melhor funciona. No nosso caso, se o irmão estivesse presente, eu o ajudaria a oferecer empatia à irmã. Mas como ele não estava, fiz o papel dele.

Resumindo, a primeira etapa do processo de cura de uma mágoa é dar a alguém a empatia de que precisa. Há três formas de fazer isso. Você pode fazê-lo como um terceiro; você pode fazer o papel da outra pessoa envolvida; ou pode ajudar essa pessoa a oferecer empatia diretamente.

Segunda etapa do restabelecimento: O lamento na CNV

O segundo grande passo no processo de cura é o lamento. Ao fazer o papel do irmão, depois de oferecer empatia, manifestei um lamento. Isso foi expresso da seguinte maneira: "Irmã, quando vejo como minhas ações contribuíram para seu sofrimento, fico muito triste. Acabei não atendendo à minha necessidade de cuidar e apoiar você da maneira como gostaria".

O principal a observar é que para fazer isso precisamos perceber a diferença entre lamento e pedido de desculpas. Na minha visão, pedir desculpas é um ato muito violento. Viola a pessoa que recebe as desculpas e também a que pede desculpas. E o mais trágico dessa história é que a pessoa que recebe o pedido de desculpas em geral gosta disso, pois tem aquele vício cultural de sentir prazer quando o outro está sofrendo e se odiando. A verdade, no meu modo de ver, é que ninguém pede desculpas ou tem vontade de pedir desculpas se estiver sinceramente lamentando o que fez.

Vejamos a diferença entre lamento e desculpas em mais detalhe. Um pedido de desculpas se baseia num julgamento moralista – o que eu fiz estava errado e eu deveria sofrer e até me odiar por ter feito aquilo. Isto é uma atitude radicalmente diferente do lamento, que não se baseia em julgamentos moralistas, mas em uma avaliação a serviço da vida: Atendi às minhas necessidades? Não. Nesse caso, que necessidades minhas ficaram desatendidas?

Ao entrarmos em contato com nossas necessidades não atendidas jamais sentimos vergonha, culpa ou raiva de nós mesmos, nem a depressão que surge quando achamos que aquilo que fizemos estava errado. Estes quatro sentimentos significam que estávamos fazendo julgamentos moralistas no momento em que brotaram. Raiva, depressão, culpa e vergonha são produtos da mentalidade que está na raiz da violência neste planeta. E fico feliz quando tenho esses sentimentos pois, se estou tendo pensamentos que acredito que alimentam a violência no mundo, sei que meu próximo movimento deve ser o de rapidamente transformar esse modo de pensar.

No segundo passo, portanto, eu lamentei – não pedi desculpas, mas expressei o meu pesar.

Desempacar

Mulher: Em seu trabalho, será que você já se deparou com pessoas que entram na lamentação e não conseguem sair?

MR: Não. Em geral ficamos empacados por causa de pensamentos e julgamentos moralistas. Gosto muito da explicação dada pelo antropólogo Ernest Becker em seu livro *Revolution in Psychiatry* [Revolução em psiquiatria]. Ele concorda com o psiquiatra Thomas Szasz que a "doença mental" é uma metáfora trágica, e mostra um novo modo de ver o fenômeno. A forma como Becker define a depressão tem uma conexão com a sua pergunta sobre ficar empacado e nunca sair da lamentação. Diz ele: "A depressão é resultado de alternativas cognitivamente bloqueadas". O que ele quer dizer é que nosso pensamento nos impede de tomar consciência de nossas necessidades, coisa que seria condição para podermos agir de modo a satisfazê-las.

Vejamos o exemplo de alguém que sente pesar e não consegue sair de uma contínua lamentação. Se a pessoa fica remoendo: "Sou um fracasso de pai. Se eu tivesse tratado meu filho de outra maneira, ele não teria fugido de casa e sido atropelado pelo trem, ele estava fugindo de mim... Por que fui tão idiota? O que está errado comigo? Sou um péssimo pai". E assim por diante. Vocês entenderam. Isto pode se prolongar por anos e anos, e a pessoa nunca consegue sair. Mas isto não é lamento. É ficar preso em pensamentos moralistas, em tudo que "deveria ter sido". Esse tipo de pensamento não leva a lugar algum. "Sou uma pessoa horrível" é um pensamento estático. Isto é o que nos faz empacar.

Mulher: Será que você poderia repetir a citação e explicar um pouco mais?

MR: "A depressão é resultado de alternativas cognitivamente bloqueadas." Traduzindo para a linguagem da CNV, significa que nosso pensamento impede que percebamos nossas necessidades (e portanto nos impede de atender a essas mesmas necessidades). Ficamos empacados em nossos pensamentos.

Darei outro exemplo. Digamos que eu esteja trabalhando com uma pessoa muito deprimida diagnosticada como "bipolar isto" e "crise depressiva aquilo". Ela se senta ali muito deprimida pensando: "Não tenho vontade de viver". Se eu usar a linguagem da CNV e perguntar: "Você poderia me dizer que necessidades suas não estão sendo atendidas?", a pessoa me responderá: "Eu sou um fracasso". Eu pergunto qual é a necessidade daquela pessoa, e ela me responde com uma definição: "Sou um péssimo amigo".

Também ficamos empacados quando nos comparamos com outras pessoas. "Minha irmã é dois anos mais nova que eu, e já é gerente na empresa dela. E olhe para mim. Sou apenas assistente do supervisor." Nesse caso fiquei empacado por causa de uma comparação.

Se você se compara aos outros, deve ser porque leu o livro de Dan Greenburg *How to make yourself miserable* [Como ficar deprimido]. Em um dos capítulos ele ensina que, se você não sabe como ficar deprimido, basta se comparar a outras pessoas. E se você não sabe fazer isso, ele propõe alguns exercícios. Ele mostra a figura de um homem e uma mulher considerados bonitos pelos padrões da nossa época. As medidas corporais desses belos exemplares constam da mesma figura. O exercício que Greenburg propõe é o seguinte: Tire as suas medidas, compare-as às daquelas pessoas bonitas e pense sobre as diferenças. Se você começar feliz, é garantido que no final do exercício estará deprimido.

Mas Greenburg não para por aí. Quando você acha que já está bem deprimido e vira a página, ele continua: "Isto é só um aquecimento, pois todos sabemos que a beleza física é superficial e desimportante. Agora vamos nos comparar a pessoas em dimensões que importam.

Vejamos: O que você tem como realizações na sua etapa de vida em comparação com algumas pessoas que escolhi a esmo? A primeira pessoa é Mozart, que escreveu inúmeras músicas que se imortalizaram ao longo dos séculos como obras primas geniais, assim por diante.

Mulher: E começou a compor aos 5 anos de idade.

MR: Começou aos 5 anos de idade. Agora compare o que você realizou até agora com o que Mozart realizou quando tinha 5 anos. Fica bem claro que comparar-se aos outros não leva a lugar algum. Não tem fim. É um buraco sem fundo. Mas aprendemos esse tipo de mentalidade na escola, para a felicidade dos fabricantes de remédios antidepressivos. Quanto mais pessoas pensarem dessa maneira, maiores serão as vendas.

Últimas etapas: Reconhecer necessidades passadas e a empatia reversa

Façamos uma pequena revisão das etapas pelas quais passamos. Primeiramente a irmã recebeu empatia de mim no papel de irmão. Em segundo lugar, eu, o irmão, expressei o meu pesar (não pedi desculpas), e isso exigiu de mim a consciência de que minhas necessidades não foram atendidas. Também expressei o sentimento que acompanhou a frustração dessas necessidades.

Na terceira etapa do processo de cura, o irmão diz à irmã o que estava acontecendo dentro dele quando fez o que fez. No papel do irmão, eu disse a ela: "Gostaria muito de te dizer o que estava acontecendo dentro de mim na época em que fiz aquilo. Passavam pela minha cabeça esses pensamentos de que eu devia ajudar você, e eu ouvia como se eles viessem de fora. Compreenda, irmã, que não estou dizendo que você me mandava essa mensagem. Eu estava ouvindo dentro de mim como uma exigência e fiquei dividido internamente. Queria ajudar você, mas ao mesmo tempo meu desejo de autonomia ficou ameaçado por ouvir, dentro e fora, que eu "deveria" fazer tal coisa.

Na quarta etapa, a empatia muda de lado. Nesse passo final do processo de cura – obter empatia para o autor da ação que provocou a dor na outra pessoa – é muito importante que isso seja feito quando a pessoa magoada estiver pronta para sentir empatia. Segundo me contaram pessoas que sofreram muito, quase todas já ouviram alguém lhes dizer: "Você deveria ver o lado da outra pessoa. Se tiver empatia se sentirá melhor". É verdade. A cura pode ser muito profunda quando conseguimos sentir empatia com aquele que nos estuprou, que fez algo que nos prejudicou. Mas pedir que a pessoa faça isso antes de ter recebido toda a empatia de que precisa seria cometer nova violência contra ela.

Voltemos ao exemplo daquela mulher algeriana que mencionei antes. Estamos no ponto em que vou explicar o que se passava dentro de mim (o agressor) quando eu (ele) a violei tão brutalmente. Duas vezes ela me disse aos gritos: "Como você pôde fazer isso?" Ela me perguntava "como" porque as pessoas têm fome de compreensão. Mas a cada vez que ela dizia isso, estava claro que ela ainda sentia dor demais para conseguir ouvir e depois oferecer empatia.

Costumo caminhar muito lentamente em direção a essas duas últimas etapas do processo de cura. É preciso ter certeza de que a outra pessoa recebeu toda a empatia de que precisa. Portanto eu disse: "Eu te direi, mas antes quero ter certeza de que compreendi totalmente, da forma como você gostaria". Quando esta parte termina, em geral a mulher, qualquer pessoa, está sedenta para empatizar comigo, com a pessoa que a fez sofrer.

Processo versus mecânica

Homem: Certa vez estava fazendo um exercício de CNV, junto com outra pessoa que também estava praticando. Fico muito chateado quando estou tentando fazer o processo e a outra pessoa que também está treinando empatia fala: "Certo, mas você não expressou seus sentimentos", ou "Você esqueceu de...". Talvez a prática precise ser um pouco mecânica no começo, mas será que a técnica não pode se tornar um processo mais natural? Se eu pular um dos passos, gostaria de ter a liberdade de fazer isso. Por exemplo, você disse que depois da empatia vem o lamento. Se minha orientação for tão estruturada que eu sinta a necessidade de fazer tudo exata e literalmente desse jeito, então no caso de eu não sentir pesar, terei que fingir, que é o exato oposto do que penso que você está propondo como base para conexão. Tenho que me lembrar sempre de que a técnica é de grande valia, mas que para mim ela não funciona sozinha, se eu não estiver sendo verdadeiro com meus sentimentos naquele momento.

MR: Gosto muito do que você está dizendo. Isso me foi dito de modo um pouco diferente por uma mulher em Zurique, na Suíça. Ela esteve em um de meus seminários e viu um casal trabalhando comigo; presenciou o que aconteceu quando eles estabeleceram uma conexão empática entre si, depois de terem vivido um conflito durante longos anos. Ela percebeu como foi bonito ver a energia que transpareceu em suas feições quando, enfim, eles pararam de projetar imagens de inimigo um no outro e começaram a se escutar verdadeiramente. Os dois tinham vivido um conflito muito doloroso, que tinha se arrastado por cerca de quinze anos.

Essa mulher suíça voltou um ano depois e me disse: "Sabe, Marshall, desde que estive no seu seminário, ao longo deste ano, toda vez que me vejo numa situação difícil, tento me lembrar do olhar no rosto daquela mulher e daquele homem quando eles estabeleceram uma conexão empática. E quando essa energia está em minha consciência, mesmo se eu falar de modo rude ou grosseiro, ainda assim funciona como CNV".

Veja que ela compreendeu da mesma forma como você está colocando agora. A técnica só é útil na medida em que oferece apoio para fazermos a conexão do modo necessário. Se ficarmos preocupados demais com a técnica, a ponto de torná-la o objetivo, o processo se perde.

Isso é uma das sutilezas mais difíceis neste aprendizado, pois uma das coisas que as pessoas apreciam na prática da CNV é que ela realmente ajuda o praticante a manifestar de modo concreto os sentimentos e as necessidades. Mas essa mesma concretude pode ser uma desvantagem quando o praticante passa a colocar a execução da técnica correta como objetivo.

Desacelerar e não ter pressa

Mulher: Estou lutando com toda essa questão de desacelerar o corpo, ir com calma nos relacionamentos para conseguir estar mais presente a mim mesma, às outras pessoas e à vida. Vejo que você viaja muito. Acho que seria inspirador e útil para mim saber se é verdade que você nem sempre foi tão tranquilo, e saber um pouco sobre a evolução disso e como você se desacelerou.

MR: Acredito que sua pergunta está relacionada à questão dele (o homem mencionado acima), pois em meio a essa correria é muito importante para mim saber como usar as três palavras que mais venho dizendo a mim mesmo nos últimos quarenta anos: "NÃO TENHA PRESSA". Esse trio de palavras tem o poder de fazer você parar, pensar e agir segundo uma espiritualidade que você escolheu, ao invés da espiritualidade que você foi programado para ter.

No meu material didático de meditação há uma imagem muito forte que me ajuda a lembrar de não ter pressa. Tenho um amigo de Israel que trabalha intensamente para reunir pais israelenses e palestinos que perderam filhos na guerra, e querem construir algo diferente a partir de seu sofrimento. Um dos passos no trabalho dele é escrever um livro em honra ao filho que foi morto, usando a energia do sofrimento para seguir em outra direção. Ele me deu um exemplar. Mesmo que esteja escrito em hebraico, que eu não consigo ler, fiquei feliz, pois ao abrir o livro, na primeira página vi a última foto tirada de seu filho antes de morrer na batalha do Líbano. Na camiseta do filho estava escrito: "Não tenha pressa".

Perguntei ao meu amigo, autor do livro e pai do menino, se tinha uma foto maior que eu pudesse levar comigo para lembrar. Contei a ele por que aquelas três palavras eram tão importantes para mim. Ele me respondeu: "Nesse caso, quero lhe contar algo, Marshall, que pode tornar essas palavras ainda mais poderosas. Quando meu filho morreu, procurei o comandante dele e perguntei: Por que mandaram meu filho para lá, não estava claro que qualquer um que fosse morreria? E o comandante me respondeu: 'Tomamos a decisão apressadamente'. Foi por isso que pus essa foto do meu filho no livro".

É essencial para mim desacelerar, não ter pressa, agir a partir da energia de minha escolha, aquela energia que recebemos ao nascer, e não a que fui programado para viver.

Meu amigo israelense também me disse: "Marshall, gostaria de te dar um poema escrito por um autor israelense que foi impactado da mesma maneira que você quando viu a foto". A primeira linha desse poema é a seguinte: "Não tenha pressa, o tempo é seu, você sabe". E preciso continuar a me trabalhar nesse sentido, pois, como minha amada companheira sempre me lembra, eu me esqueço e começo a correr.

Empatia por aqueles que estão prestes a magoar você

Mulher: Ouvi você dizer que é menos provável que uma criança apanhe de alguém se ela mostrar empatia para com a pessoa que está prestes a bater nela. Suponho que isso se aplica aos adultos também. Você tem alguma sugestão ou frases emergenciais que possamos usar num momento desses?

MR: Sim. A primeira coisa que ensinamos às crianças é nunca colocar um "mas" na cara de seu pai quando ele está bravo. Portanto, quando o papai diz: "Por que você fez isso?", nunca responda: "Mas, pai..." Nunca dê explicações. Em vez disso, é preciso, o mais rápido possível, colocar sua atenção no que essa pessoa está sentindo e precisando. Esteja consciente de que a pessoa não está com raiva de você, não foi você quem a fez ficar com raiva. Ouça a raiva e escute qual necessidade daquela pessoa está desatendida.

Isso é uma coisa que devemos praticar incansavelmente. Uma coisa é falar disso teoricamente, outra muito diferente é ver alguém prestes a te bater e ter a presença de espírito de fazer uma conexão empática com o que está vivo na outra pessoa. Treinamos policiais a fazer isso em situações perigosas. Muitas pesquisas comprovam que, ao lidar com pessoas violentas e armadas, os policiais têm muito mais probabilidade de saírem vivos usando a empatia do que sacando o revólver. Mas pedir que crianças façam isso é um desafio ainda maior, portanto, é preciso praticar muito com elas.

Se uma pessoa conviveu com um pai ou uma mãe do tipo que acha que os adultos sempre têm razão, e que os que estão errados devem ser castigados, é provável que essa pessoa chegue a bater nos próprios filhos. Enquanto não conseguimos abordar os pais da criança, ensinamos as crianças a melhor autodefesa que conhecemos: a conexão empática.

Lidando com seu próprio comportamento raivoso

Homem: Como você lida com seu próprio comportamento violento numa situação em que você se comunicou com a outra pessoa, passou por tudo e acaba chegando ao ponto em que sente que vai explodir? Quando o trânsito está ruim, quando você vai para o aeroporto, ou seja lá o que for.

MR: Se você me acompanhar ao sairmos daqui hoje à noite, provavelmente verá umas vinte situações desse tipo entre nossa partida e a chegada a Santa Bárbara. Minha companheira está dormindo, caso contrário, confirmaria o que estou dizendo.

Homem: E você passou por todo esse processo de acalmar sua mente e fazer todos esses passos...

MR: Sim. Hoje eu sofro por cerca de trinta segundos em vez de três horas. Mesmo assim, continuo caindo nos gatilhos. Veja bem, tem uma raça de gente violenta e horrível chamada "pessoa que não se mexe rápido o suficiente". Quando quero passar pela fila do check-in, sentar no avião e relaxar, essa raça de gente, esses idiotas, aparecem em todos os cantos do maldito planeta e se colocam exatamente nos lugares certos para me enfurecer. Há um complô internacional para testar a minha paciência e a Comunicação Não Violenta...

Homem: Então você tem algum truque ou estratégia especial para lidar com isso? O que você faz? Conta até dez, ou...?

MR: Não. Minha raiva é valiosa. É uma bênção. Quando fico com raiva sei que preciso desacelerar e voltar a atenção para o meu diálogo interno. Preciso traduzir os julgamentos que estão me enfurecendo e entrar em contato com minhas necessidades.

Homem: Então você acredita que a raiva é justificável em certas situações?

MR: A raiva é sempre justificada no seguinte sentido: ela é sempre resultado inevitável de pensamentos que nos alienam da vida e provocam violência. A raiva não é o problema. O problema são os pensamentos que passam pela nossa cabeça quando estamos com raiva.

Homem: E que processo você usa para lidar com eles?

MR: Eu desacelero e assisto ao show de julgamentos que está acontecendo dentro de mim. Não digo a mim mesmo que eu não "devo" pensar dessa maneira. Isto só perpetuaria o problema. Não digo a mim mesmo que está errado. Não digo a mim mesmo aquilo que meu filho uma vez me disse ao me ouvir falando esses julgamentos em voz alta: "E você ainda sai pelo mundo para ensinar comunicação?". Não digo a mim mesmo "isto não se justifica". Eu apenas vejo, me conecto com a necessidade que está por trás daquele sentimento e ofereço empatia a mim mesmo. Eu percebo a necessidade por trás daquele pensamento moralista.

Por exemplo, talvez eu esteja frustrado porque gostaria que a fila andasse mais rápido. No entanto, durante os dez minutos que permaneço na fila, não desejo colocar mais estresse no meu coração. Aliás, as pesquisas médicas mostram uma grande correlação entre doenças cardíacas e pensamentos "Tipo A" (que eu chamo de pensamentos e julgamentos moralistas). É preferível baixar o ritmo cardíaco para sessenta batidas por minuto ao invés de passar dez minutos raivoso na fila por causa de um sujeito lá na frente que fica batendo papo com o funcionário da linha aérea. Será que ele não percebe que eu estou aqui? Posso desgastar meu coração ou posso escolher transformar minha frustração. O que posso fazer durante esses dez minutos? Pegar um livro e ficar lendo na fila.

Homem: O objetivo último é não se perturbar com nada disso? É assim que você quer se ver no futuro?

MR: O objetivo último é passar todos os momentos da minha vida naquele mundo que o poeta Rumi descreveu: "Um lugar além do certo e do errado".

Aprendendo a lidar com pessoas difíceis

Homem: Além do certo e do errado, acredito que temos nosso próprio condicionamento, uma certa química e abertura com algumas pessoas e não com outras – dependendo da nossa criação, hábitos pessoais e outras coisas. Muitas vezes não sei como me abrir genuinamente, como ser caloroso com pessoas que são muito diferentes de mim. Não estou falando de racismo. Pode ser uma pessoa com hábitos diferentes, um modo diferente de fazer as coisas. Não sei como ser sinceramente mais tolerante. E tudo fica mais difícil ainda nessa sociedade politicamente correta que dita que devemos ser tolerantes.

MR: O primeiro passo é tirar a palavra "dever" dessa equação. Tudo que é um "dever" provoca resistência – mesmo que queiramos muito fazer aquilo. Ouvir "você deve", interna ou externamente, rouba toda a alegria da ação. Procuro nunca fazer coisas que devo fazer, e sigo a sugestão de Joseph Campbell. Tendo estudado religiões comparadas e mitologia durante 43 anos, ele declarou que "depois de todas as minhas pesquisas, fico surpreso ao ver que todas as religiões dizem a mesma coisa: Não faça nada sem contentamento".

Faça as coisas com a energia leve de uma criança que brinca. Campbell diz isso de outra maneira: "Siga a sua bem-aventurança". Aja a partir daquela energia que sabe fazer do mundo um lugar divertido e cheio de aprendizado.

Vamos falar um pouco sobre "tolerância". Tem muita gente que eu não suporto. Essas pessoas são os meus mestres. Elas me ensinam sobre o que está se passando dentro de mim, sobre pensamentos que me impedem de ver a energia divina nos outros. Qualquer coisa que me impeça de fazer conexão com essa energia é uma oportunidade de aprendizado. Felizmente, há muita gente que eu não suporto, portanto, tenho muitas oportunidades de aprender. Eu me exercito com o seguinte questionamento: O que essa pessoa fez que serviu de gatilho para meus julgamentos? Primeiro, procuro ter clareza sobre o que elas fizeram, em seguida, tento ter consciência do julgamento que eu fiz, responsável pela raiva que sinto. O terceiro passo é buscar por trás do julgamento e encontrar a minha necessidade desatendida em relação àquela pessoa. Procuro oferecer empatia a mim mesmo por essas necessidades desatendidas. Em quarto lugar, digo a mim mesmo: "Quando esta pessoa faz aquela coisa que eu não gosto, que necessidades pessoais ela está tentando satisfazer?" Tento sentir empatia por aquilo que está vivo dentro delas no momento da ação.

Essas pessoas que eu detesto podem ser meus melhores professores de Comunicação Não Violenta, se eu fizer este exercício a partir da interação com elas.

Encenação: Raiva da mãe

Homem: Será que você poderia me ajudar a curar o meu relacionamento com minha mãe? Vou visitá-la no dia de Ação de Graças.

MR: Vamos lá. Eu farei o papel de sua mãe. Você será você mesmo. [Começa a encenação.] Muito bem, filho. Estou usando minhas orelhas empáticas e gostaria muito de ouvir o que está acontecendo dentro de você nesse momento e que faz com que nosso encontro seja menos do que agradável para você.

Homem: Onde começar?

MR: Ah, que bom, vamos aprender bastante.

Homem: Estou frustrado, com raiva e desanimado. Sinto desespero por causa da sua negatividade, seu modo de ver tudo de modo crítico: o mundo, eu, a vida, o governo. Estou com raiva porque você pintou um quadro do mundo como sendo um lugar horrível para se viver, e depois passou isso para mim e minhas irmãs.

MR: Deixe-me ver se entendi tudo. Ouvi duas mensagens importantes que quero fixar. A primeira (se eu entendi corretamente) é que você gostaria que eu compreendesse que é doloroso para você se aproximar de mim quando estou sofrendo tanto. E que isso é como se fosse uma pressão constante para de alguma forma ter que dar conta do meu sofrimento.

Homem: Sim, é isso mesmo.

MR: E a segunda coisa é que você gostaria que eu entendesse a imensa dor que traz dentro de si por ter sido exposto a isso por tantos anos. Você gostaria de não ter tanto sofrimento na forma como vê o mundo.

Homem: Isso é parcialmente verdadeiro. Estou com raiva

porque parece que tenho que lutar comigo mesmo para conseguir proteger minha capacidade de escolher e perceber as coisas da forma como desejo.

MR: Então, seria maravilhoso se você não tivesse que se esforçar tanto para viver num mundo muito diferente daquele que pintei para vocês.

Homem: Justamente.

MR: Sim. Você adoraria viver num outro mundo, e é triste ver o quanto de sua energia é consumida pelo mundo que você aprendeu a habitar com a minha ajuda.

Homem: Sim. E soa como acusação. Mas é nesse ponto que eu estou empacado agora.

MR: Não ouço acusações, filho, estou usando minhas orelhas de CNV. Só ouço beleza.

Homem: Fico com raiva porque você sofre tanto, que a amargura acaba sendo a única coisa que consegue transmitir. Você poderia ter nos dito: "Estou sofrendo muito, mas vocês não precisam sofrer assim". Sinto raiva porque não recebi nenhum incentivo para escolher um modo diferente de ver o mundo – e quando falo sobre uma visão de mundo diferente, você se sente ameaçada e tenta desvalorizar e ridicularizar a minha percepção.

MR: Gostaria de saber se poderia ao menos ter tornado as coisas um pouco mais suportáveis para você se eu (embora sofrendo tanto) tivesse dito: "Ei, isso é apenas o meu modo de ver as coisas, mas incentivo você a enxergar a seu modo". No entanto, apresentei as coisas de tal modo que fez parecer que essa era a única maneira de ver o mundo. Como criança, você internalizou essa visão. E agora isso faz com que seja muito difícil para você viver no mundo que você escolheu ao invés daquele que eu pintei para vocês.

Homem: Sim. Eu volto à infância muitas vezes quando estou com você. Não tenho a distância necessária para conseguir perceber:

Ah, isso é o que minha mãe pensava...

MR: Sim.

Homem: Parece que ouvir os seus sentimentos ainda ameaça a minha autonomia.

MR: Sim, você ouve esses sentimentos e perde a conexão com o mundo que você deseja habitar, e se transporta para o mundo que eu pintei para você.

Homem: Sim. Estou preocupado porque vou visitar você no Dia de Ação de Graças e sei que muitas das estratégias que usei no passado ainda estão bem vivas dentro de mim – como balançar a cabeça e fingir que estou ouvindo quando na verdade estou com raiva e muito longe dali, e com medo de expressar o que sinto, preocupado de talvez acabar fazendo aquelas coisas de novo.

MR: Entendo.

Homem: Estou preocupado porque se eu tentar ser autêntico, serei criticado por ter esses sentimentos.

MR: Você detesta estar nessa situação em que as duas opções possíveis são esconder os seus sentimentos ou tentar ser honesto e causar um problema ainda maior. Você realmente gostaria que houvesse alguma outra ligação entre nós, além disso.

Homem: Sim. E me preocupo com aquela parte de mim que está tão ferida por essa situação a ponto de querer que você sinta vergonha do que fez, e querer provar que está errada.

MR: Seu sofrimento é tão forte que você precisa desesperadamente que eu compreenda o alto preço que você pagou por isso.

Homem: Isso! Isso! Mas ser autêntico e criar um caso não é o que mais me assusta, porque aprendi a dar um jeito nesse tipo de coisa. Eu me odeio porque muitas vezes congelo e fico ausente.

MR: Sim.

Homem: Eu deixo de cuidar de mim, não falo o que penso – me preocupo com essa tendência.

MR: Então, embora seja muito desconfortável imaginar que você vai se expressar e criar um problema, e depois terá que concertar as coisas, isso te parece menos tóxico do que continuar a ocultar o que sente e não se expressar, embora a segunda alternativa também seja assustadora.

Homem: Sofro muito por ter internalizado os rótulos "muito sensível", "hipersensível", que você usava para verbalizar sua reação ao ouvir os meus sentimentos.

MR: Entendo, entendo. Você gostaria de poder ouvir o que havia por trás dos rótulos, ouvir a minha dor sem escutar as críticas; mas é um estresse enorme fazer isso.

Homem: Sim.

MR: A dor é tão forte que você precisa pôr para fora. Mas tem medo de que, ao se expressar, suas palavras sejam interpretadas por mim de tal modo que acabaremos mais distantes um do outro. Não é isso que você quer. Mas você quer conseguir expressar o seu sofrimento e lidar com ele.

Homem: Sim. Estou preocupado com a racionalização. Gostaria de ter a permissão, a permissão psíquica, de gritar e bater os pés sem dizer palavras. Queria que você ouvisse esse sentimento, porque quando falamos nossa troca se torna algo mental e eu detesto isso.

MR: Compreendo. Ou seja, você quer ter certeza de que, se usarmos palavras, que elas sejam palavras que nos conectam com a vida ao invés de nos distanciarem dela. Neste momento é difícil imaginar palavras que conseguiriam passar essa mensagem. Parece que, para expressar toda a mágoa, você teria que gritar ou espernear, ou algo assim.

Homem: E também tem uma parte de mim que gostaria simplesmente de ir para a casa de meus pais e receber o carinho e o cuidado que não recebi em criança. Preocupa-me que este não seja um sonho muito realista em se tratando da família que tenho.

MR: Então tem mais do que só expressar a dor. Você sonha com um relacionamento positivo, ou com a sensação de ser valorizado, de desfrutar a presença mútua. Em vista da mágoa que você sente, isso parece um sonho tão ambicioso que fica difícil até imaginar que nós dois possamos ser uma presença positiva um para o outro.

Homem: Certo. Para ser honesto, é difícil imaginar você fazendo isso, porque você está sempre tão envolvida com seu próprio sofrimento.

MR: Sim. Difícil até de imaginar. Tem mais alguma coisa que você gostaria de dizer antes que eu responda?

Homem: Sabe, se você me disser o quanto odeia o presidente, mesmo que eu concorde com você, não quero ouvir; preferiria dar um murro na sua cara.

MR: Então qualquer assunto que eu aborde, seja o presidente ou outra coisa, assim que me vê amarga, você entra em tal sofrimento que quer sair da situação a qualquer custo.

Homem: Intelectualmente, eu não entendo porque isso acontece. Só ouvir você expressar seus julgamentos sobre as pessoas me deixa furioso. Não quero ser uma pessoa que responde algo quando você conta suas histórias. Se eu visse você expressando a sua dor e recebendo empatia, seria outra coisa, mas...

MR: Você está farto de sentir que de alguma maneira tem de curar a minha dor sem saber como fazê-lo, e isso só te deprime. Você quer algo muito diferente nos seus relacionamentos, algo diferente desse papel.

Homem: Sim.

MR: Desse papel de ter que ouvir tudo e depois achar uma maneira de me fazer sentir melhor.

Homem: Isso mesmo. Gostaria de encontrar um modo de me divertir fazendo isso – ouvindo seus julgamentos como ouço os julgamentos de um amigo. Você e eu às vezes conseguimos nos machucar bastante um ao outro. Mas eu não estou presente. Ouço uma voz crítica dentro de mim me dizendo que é responsabilidade minha.

MR: Você tem consciência de que parte do problema é essa voz interna que afirma que você precisa me fazer feliz, eu, sua mãe. Mas você também quer que eu veja que há coisas que eu faço e digo que provocam essa voz.

Homem: Sim. Eu adoraria se você dissesse: "Filho, eu gostaria de expressar minha dor, será que você se incomodaria de ouvir?" Queria que você pedisse permissão. Dessa forma minha necessidade de respeito seria atendida.

MR: Sim. Eu gostaria de falar agora. Você pode me ouvir, ou gostaria de me dizer mais alguma coisa?

Homem: Eu poderia falar muito mais, mas sinto que consigo escutar você agora.

MR: Bem, estou muito aliviada que você não tenha desistido do nosso relacionamento, que esteja trabalhando para tentar encontrar um modo de torná-lo não apenas suportável, mas positivo. Tenho certeza de que você esteve muito perto de desistir de nós. Não sei como dizer o quanto sou abençoada – porque apesar da dor que você diz estar sentindo, você ainda busca uma esperança, alguma pequena faísca de esperança de que consigamos aprender a cuidar um do outro.

Homem: Não sei se tenho essa esperança, mas acredito que se continuar trabalhando nisso, talvez eu tenha relacionamentos melhores com as mulheres.

MR: Então, mesmo que você não consiga imaginar um relacionamento positivo comigo, você pelo menos tem a esperança de realizá-lo com outras mulheres. Quero te dizer que as coisas que você disse me estimularam muito. Mas neste momento há somente uma tristeza horrível por ver que o modo como lidei com a minha dor me levou a deixar desatendida uma necessidade que senti a vida inteira, minha necessidade mais premente: ajudar você a crescer saudável e forte. Vi que em vez de nutrir você do modo como gostaria, acabei provocando muito sofrimento. É assustador demais olhar para a profundidade da minha tristeza diante dessa percepção. Uma coisa é sofrer pessoalmente, mas, meu Deus, ter contribuído para sua dor é demais. É uma tristeza verdadeira e dilacerante perceber isso. Gostaria de saber como você se sente ao ouvir o que acabei de falar.

Homem: Eu me sinto meio anestesiado. Acho que estou me protegendo.

MR: Sim, isso é o que eu temia, que você continue sentindo que precisa fazer algo para tirar a minha dor. Quero que você saiba que enquanto estou com estas orelhas só o que desejo é empatia. Nada mais. E se você não puder oferecer empatia, conseguirei ouvir sem me sentir rejeitada nem criar mais sofrimento. Então, eu ouvi que você está meio entorpecido e parte de você quer reagir ao que eu disse, mas parte de você tem medo de entrar no velho hábito de "agora você tem que fazer algo a respeito disso".

Gostaria de te dizer o que acontece dentro de mim todas as vezes que fiz isso ao longo dos anos. Quando ouvi que você gostaria que eu tivesse falado da minha dor para você, me dá vontade de chorar porque eu percebo que gostaria de ter falado disso para você. Quando me pergunto o que me impediu de fazê-lo, é aí que tenho vontade de chorar. Não consigo nem imaginar que alguém se interessaria pelo que acontece dentro de mim. O que você disse me ajudou a perceber que estive pedindo para ser ouvida de uma maneira que leva a profecias autorrealizáveis. Da forma como tenho lidado com isso – como alguém poderia querer me ouvir? E eu senti tal profundidade de solidão que não conseguia ver outras maneiras de dizer: "Ei, estou sofrendo e preciso de atenção".

Não quero que você assuma a responsabilidade por isso. Só quero sentir que de alguma forma alguém se importa com o que acontece dentro de mim. A única maneira que encontrei de fazer isso provocou justamente a reação contrária em todo mundo, desde a minha infância. Nunca tive a sensação de que minhas necessidades eram objeto da preocupação de alguém. Portanto, pedir atenção de um jeito que o outro gostaria de dar não era possível. Eu simplesmente me desespero e expresso minha dor da única maneira que sei: por desespero. E daí vejo como isso afeta as pessoas, e fico ainda mais desesperada. Queria saber como você se sente ao saber disso.

Homem: Triste, mas de certo modo aliviado por entender um pouco do que estava por trás da urgência de sua expressão. Algum alívio por entrar em contato com isso.

MR: Sinto que estamos muito vulneráveis pela revelação do nosso íntimo. O que você acha de pedirmos ao grupo para dizer o que o nosso diálogo provocou neles?

Homem: Sim, gostaria de saber o que pensam.

MR: Certo, alguém quer expressar sentimentos, reações ao nosso diálogo?

Reações à encenação

Mulher: Por algum motivo, meu coração se alegra ao ver homens sendo tão sensíveis um com o outro de maneira tão compassiva. É uma experiência nova para mim.

MR (em tom de brincadeira): Nós não somos homens de "verdade".

Mulher: O exemplo que vocês deram abre uma nova alternativa para o modo de agir no mundo masculino. Por isso sou grata.

Homem: Também sou grato. Realmente me tocou lá no fundo porque minha mãe e eu temos uma dinâmica similar, e eu ainda não achei um modo eficaz de lidar com isso. Simplesmente me coloquei numa atitude de desesperança. Ao ouvir o lamento de Marshall no papel da mãe, e toda sua tristeza, porque sua intenção era que o filho fosse feliz, e a importância disso para ela, senti certo efeito curativo em mim, sabendo que isto é importante também para a minha mãe – e que nunca foi sua intenção dificultar a minha vida. Foi curativo para mim ouvir o que ela pode ter passado e ouvir o diálogo de vocês. Realmente agradeço.

Homem: Sou grato pela experiência porque pude de fato sentir a humanidade por trás das palavras. Não sei se vocês já ouviram falar em "vibrações", mas num determinado momento senti algo que eliminou a separação entre eu e todas as outras pessoas da sala. Eu me senti realmente conectado. Por outro lado, fiquei um pouco triste porque gostaria de ver as pessoas felizes – inclusive eu. E percebi, enquanto você encenava o papel de mãe, que há algo que bloqueia a humanidade em nós, e é impressionante como se chega rapidamente a uma solução se uma ou talvez as duas pessoas conseguem se abrir.

Acho que a técnica ajuda, mas também é fundamental a habilidade de se conectar ao seu coração; esta é a presença que senti. É como acreditar em Deus. Acho que essa é uma boa descrição do que senti naquele momento. Muito obrigado!

H (que fez o papel do filho): O que está presente em mim é a tristeza. Identificando-me com você, percebendo que desisti de curar meu relacionamento com minha própria mãe... e que eu só queria curar meu relacionamento com as mulheres sem ter que lidar com a minha mãe. Que eu não sei como me aproximar dela, nem mesmo se posso ou devo, pois não acredito que ela consiga reagir a mim dessa maneira.

MR: Como você acha que ela reagiria se ouvisse essa gravação?

Homem: Não sei. Foi curativo para mim. Talvez seja para ela também, de alguma forma.

MR: Gostaria que você tentasse. Se funcionar bem, quero que você me telefone para contar. Se der tudo errado, fale com a minha equipe. [risos]

Homem: Sinto uma certa esperança ao ouvir isso. Não que eu consiga lidar com sentimentos e necessidades o tempo todo, de maneira alguma. Mas apenas sinto alguma esperança. Mesmo se eu estragar tudo, há alguma esperança e energia para tentar com meu irmão esse mesmo tipo de abordagem. Muito obrigado!

O presente que Marshall recebeu de sua mãe

Gostaria de partilhar com vocês um presente que recebi. Eu e minha mãe tínhamos uma dor semelhante em nosso relacionamento, e enquanto você falava eu tinha a impressão de que era eu. Quero contar sobre uma cirurgia de grande porte que me ajudou a sair do problema – não uma operação que um médico tenha feito em mim, mas uma cirurgia pela qual minha mãe passou durante um dos meus seminários, do qual ela participou.

Nesse seminário as mulheres do grupo estavam conversando sobre como era assustador para elas expressarem suas necessidades de modo direto, e como seu relacionamento pessoal com os homens ficava completamente bagunçado por causa disso. A única maneira que elas sabiam expressar necessidades acabava produzindo o resultado oposto ao que pretendiam. E isso levava à amargura, o que só piorava a situação.

Uma mulher atrás da outra, todas foram dizendo como era difícil expressar suas necessidades. Minha mãe se levantou e saiu na direção do banheiro. Comecei a ficar preocupado porque ela ficou lá um tempão. Quando finalmente saiu, percebi que estava muito pálida e perguntei: "Mãe, você está bem?" E ela respondeu: "Agora estou".

"Foi muito perturbador escutar essa conversa, porque quando ouvi as mulheres falando sobre como era difícil expressar suas necessidades, aquilo me lembrou de algo." Perguntei se ela se incomodaria de contar o que tinha sido.

E ela me contou a seguinte história: "Quando eu tinha quatorze anos, minha irmã, sua tia Minnie, teve apendicite e precisou ser operada. Nossa tia Alice trouxe para ela de presente uma bolsinha. Eu adorei aquela bolsinha! O que eu não teria dado por aquela bolsinha! Mas na nossa família nunca se pedia por algo que a gente quisesse ou precisasse. Os primos mais velhos sempre diziam: Você sabe como somos pobres. Por que fica pedindo coisas? Mas eu queria tanto a bolsinha que comecei a reclamar de dores do lado da barriga. Eles me levaram a dois médicos que não encontraram nada de errado. Mas o terceiro médico teve a ideia de fazer uma 'cirurgia exploratória'".

Eles tiraram o apêndice da minha mãe. E funcionou. A tia Alice trouxe para ela uma bolsinha igual à que ela queria e não conseguia pedir. Mas esse não foi o final da história. Minha mãe prosseguiu: "Lá estava eu na cama do hospital com muita dor por causa da operação, mas feliz da vida. A enfermeira chegou e enfiou um termômetro na minha boca, depois saiu e uma outra enfermeira entrou. Eu queria mostrar a ela minha bolsa, mas não conseguia falar com o termômetro na boca e só dizia: Mmmmm mmmmm mmmm mmmm. A enfermeira perguntou: 'É para mim? Obrigada!' E levou a bolsa embora. E eu não consegui pedir a bolsa de volta".

Esse foi um presente enorme que ela me deu. Ao ver como era difícil para ela expressar suas necessidades e as coisas que ela teve que aguentar por causa desse bloqueio, isso me ajudou a enxergar tudo que eu odiava nela. Percebi que quando ela me pedia as coisas que me deixavam furioso, havia desespero por trás daqueles pedidos. Entendi porque ela não conseguia simplesmente chegar e dizer algo. Portanto, essa cirurgia me ajudou a sair daquela mágoa, a ver a dor dela como um "Que droga, ..." Isso me ajudou muito.

Mulher (dirigindo-se ao homem da encenação): Quero te dizer o quanto agradeço pela disposição de expor sua vulnerabilidade e expressar sua raiva, mágoa e sofrimento. Pode ser que você se surpreenda e sua mãe talvez se mostre disposta a se abrir. Eu vou comprar uma cópia dessa gravação e levar para o meu filho.

Homem (da encenação): Marshall, você poderia dizer algo que servisse como conclusão para o nosso diálogo? Estou pensando em levar a gravação e tocar para minha mãe quando a visitar, e isso me dá muito medo. Estou pensando que dissemos umas coisas bem duras e ríspidas, e embora eu não tenha esperanças de ter um relacionamento melhor com minha mãe, me preocupa que ela não compreenda que foi um desabafo naquele momento.

MR: Esse é o perigo. Mas se ela ouvir até o fim e perceber como eu escutei a beleza contida nesse desabafo, ela também aprenderá Comunicação Não Violenta.

Homem: Percebi agora que antes de tocar a gravação, posso dizer a ela algumas das coisas que eu falei só para expressar a forte emoção que senti naquele momento. Ela entende isso muito bem. Foi ela quem me ensinou.

MR: E depois você pode dizer: "Mãe, quero que você veja como Marshall fez o seu papel. Quero que você depois me conte como se sentiu quanto ao modo como ele desempenhou seu papel. As coisas que ele fez quando reclamei de você".

Homem: Me preocupa que ela queira você como filho.

Mulher: Eu gostaria que Marshall fosse minha mãe.

Resumo

Há quatro etapas básicas para criar uma ponte de empatia entre pessoas que querem se reconciliar ou recuperar um relacionamento significativo.

PRIMEIRA ETAPA: CONEXÃO EMPÁTICA

1. Presença: Oferecer empatia à pessoa que está sofrendo, com raiva ou assustada, estando plenamente presente ao que está vivo dentro dela, sem fazer julgamentos, diagnósticos e nem dar conselhos.
2. Conectar-se e perceber os sentimentos e necessidades da pessoa naquele momento – e fazê-lo em voz alta apenas se:
    - minha intenção é verificar se compreendi corretamente e me conectei a ela;
    - percebo que a pessoa expôs sua vulnerabilidade e talvez goste de receber minha empatia verbalmente.

   Meu foco recai naquilo que está vivo dentro da pessoa agora (como resultado do que aconteceu no passado), e não na sua história e eventos passados.
3. Continuar a oferecer empatia até ver os sinais tangíveis de que a pessoa está satisfeita (por exemplo: sensação de alívio ou silêncio).
4. Perguntar: "Você gostaria de dizer mais alguma coisa?"
5. Receber o pedido pós-empatia – o que a pessoa quer de mim nesse momento (Informação? Conselhos? Saber como me sinto depois de ouvi-la?).

Lembre-se de não confundir empatia com pena. Na empatia estou plenamente presente à outra pessoa enquanto ela sente seus próprios sentimentos. Na pena estou voltado para mim mesmo e meus sentimentos.

SEGUNDA ETAPA: LAMENTO

Na CNV o lamento exige tomar consciência das minhas necessidades desatendidas neste momento como resultado de escolhas específicas que fiz no passado. Por exemplo, na encenação entre irmã e irmão, o irmão diz: "Irmã, quando vejo como minhas ações contribuíram para o seu sofrimento, fico muito triste. Não atendi à minha própria necessidade de ser seu amigo e ajudá-la da maneira como gostaria". Ao lamentar-se o irmão também se conecta aos sentimentos que surgem dentro dele agora ("triste") por causa daquelas necessidades desatendidas ("ser amigo e ajudá-la").

O lamento não é um pedido de desculpas. Os pedidos de desculpas se baseiam em julgamentos moralistas e envolvem a admissão de um malfeito e subentendem que algum tipo de sofrimento irá "corrigir a situação". No lamento da CNV eu me pergunto se minhas ações atenderam às minhas necessidades. Em caso negativo, procuro saber que necessidades deixaram de ser atendidas e quais são meus sentimentos a respeito disso.

TERCEIRA ETAPA: RECONHECER NECESSIDADES PASSADAS (QUE ME LEVARAM A AGIR DAQUELE MODO)

Depois das etapas de conexão empática e lamento, a próxima pergunta premente que surge é: "Mas por que você fez aquilo?" Eu procuro ter certeza de que a outra pessoa recebeu toda a empatia de que precisa antes de seguir para essa nova etapa, na qual respondo sua pergunta conectando-me às necessidades que eu procurava atender na época em que tive aquele comportamento.

Por exemplo, na encenação da mãe com o filho, depois que a mãe ofereceu empatia ao filho e fez seu lamento na presença dele, ela reconhece os fatores que a levaram a se comportar daquela maneira em família: "Nunca tive a sensação de que alguém se importasse com meus sentimentos... fiquei desesperada e expressei tudo da única maneira que consegui – com desespero. E então vi como aquilo afetava as pessoas, e fiquei ainda mais desesperada... Sentia uma tristeza tão profunda que não consegui dizer de outra forma o que queria: 'Ei, estou sofrendo e preciso de atenção'".

Assim como o lamento difere do pedido de desculpas, a autocompaixão da mãe – que se baseou numa ligação com os sentimentos do passado ("desespero" e "sofrimento") e as necessidades (de cuidado e atenção e "ser importante para alguém") – se distingue da racionalização ou negação de responsabilidade.

QUARTA ETAPA: EMPATIA REVERSA

Depois que a pessoa que está sofrendo recebeu empatia plena, ouviu meu lamento e compreendeu as necessidades que eu estava tentando satisfazer através do meu comportamento, sentirá um desejo natural de voltar-se para mim com empatia. Quando isto acontece, teremos completado a etapa final do restabelecimento. No entanto, é de suma importância que isto aconteça apenas quando surgir uma vontade genuína de oferecer empatia ao outro. Qualquer sensação de estar sendo pressionado ou qualquer convite prematuro acabaria por avivar a dor.

Na transcrição da oficina contida neste livro, Marshall explica, mas não demonstra através de encenações esta última etapa da cura.

OS QUATRO COMPONENTES DA CNV

Espressar, objetivamente, como **eu estou**, sem culpar ou criticar.

Receber, empaticamente, como **você está**, sem ouvir recriminações ou críticas.

OBSERVAÇÕES

1. O que eu observo (*vejo, ouço, lembro, imagino, livre de minhas avaliações*) que contribui, ou não, para o meu bem-estar:

   "*Quando eu (vejo, ouço, ...) ...*"

1. O que você observa (*vê, ouve, lembra, imagina, livre de suas avaliações*) que contribui, ou não, para o seu bem-estar:

   "*Quando você (vê, ouve, ...) ...*"

   (*Coisas que recebemos empaticamente, mesmo que não tenha sido dito dessa forma.*)

SENTIMENTOS

2. Como eu me sinto (*emoção ou sensação em vez de pensamento*) em relação ao que observo:

   "*Eu me sinto...*"

2. Como você se sente (*emoção ou sensação em vez de pensamento*) em relação ao que você observa:

   "*Você se sente...*"

NECESSIDADES

3. Do que eu preciso ou o que é importante para mim (*em vez de uma preferência ou de uma ação específica*) – a causa dos meus sentimentos:

   "*... porque eu preciso de / porque é importante para mim...*"

3. Do que você precisa ou o que é importante para você (*em vez de uma preferência ou de uma ação específica*) – a causa dos seus sentimentos:

   "*... porque você precisa de / porque é importante para você...*"

Faço um pedido claro, sem exigir, de algo que enriqueceria **minha** vida.

Recebo empaticamente o seu pedido de algo que enriqueceria **sua** vida, sem ouvir como uma exigência.

PEDIDOS

4. As ações concretas que eu gostaria que ocorressem:

   "*Você estaria disposto/a...?*"

4. As ações concretas que você gostaria que ocorressem:

   "*Você gostaria de...?*"
   (*Coisas que recebemos empaticamente, mesmo que não tenha sido dito dessa forma.*)

OUVIR   FALAR

LISTA DE ALGUNS SENTIMENTOS UNIVERSAIS

Sentimentos quando as necessidades estão atendidas:

- admirado
- agradecido
- aliviado
- animado
- comovido
- confiante
- confortável
- curioso
- emocionado
- esperançoso
- feliz
- inspirado
- motivado
- orgulhoso
- otimista
- realizado
- revigorado
- satisfeito
- seguro
- surpreso

Sentimentos quando as necessidades não estão atendidas:

- aborrecido
- aflito
- assoberbado
- confuso
- constrangido
- desanimado
- decepcionado
- desconfortável
- frustrado
- impaciente
- impotente
- intrigado
- irritado
- nervoso
- preocupado
- relutante
- sem esperança
- solitário
- triste
- zangado

LISTA DE ALGUMAS NECESSIDADES UNIVERSAIS

Autonomia
- escolher sonhos/propósitos/valores
- escolher planos para realizar os próprios sonhos, propósitos, valores

Bem-estar físico
- abrigo
- água
- ar
- comida
- descanso
- expressão sexual
- movimento, exercício
- proteção contra ameaças à vida: vírus, bactérias, insetos, animais predadores
- toque

Celebração
- celebrar a criação da vida e os sonhos realizados
- lamentar perdas: de entes queridos, sonhos etc. (luto)

Comunhão espiritual
- beleza
- harmonia
- inspiração
- ordem
- paz

Integridade
- autenticidade
- criatividade
- sentido
- valor próprio

Interdependência
- aceitação
- acolhimento
- amor
- apoio
- apreciação
- compreensão
- comunidade
- confiança
- consideração
- contribuição para o enriquecimento da vida
- empatia
- honestidade (a honestidade que nos permite tirar um aprendizado de nossas limitações)
- proximidade
- respeito
- segurança emocional

Lazer
- diversão
- riso

©CNVC. Para saber mais, visite www.cnvc.org.

Sobre a Comunicação Não Violenta

Do dormitório às altas esferas de decisão empresarial, da sala de aula à zona de guerra, a CNV está mudando vidas todos os dias. Ela oferece um método eficaz e de fácil compreensão que consegue chegar nas raízes da violência e do sofrimento de um modo pacífico. Ao examinar as necessidades não atendidas por trás do que fazemos e dizemos, a CNV ajuda a reduzir hostilidades, curar a dor e fortalecer relacionamentos profissionais e pessoais. A CNV está sendo ensinada em empresas, escolas, prisões e centros de mediação no mundo todo. E está provocando mudanças culturais pois instituições, corporações e governos estão integrando a consciência própria da CNV às suas estruturas e abordagens de liderança.

A maioria tem fome de habilidades que melhorem a qualidade dos relacionamentos, aprofundem o sentido de empoderamento pessoal, ou mesmo contribuam para uma comunicação mais eficaz. É lamentável que tenhamos sido educados desde o nascimento para competir, julgar, exigir e diagnosticar – pensar e comunicar-se em termos do que está "certo" e "errado" nas pessoas. Na melhor das hipóteses, as formas habituais de falar atrapalham a comunicação e criam mal-entendidos e frustração. Pior, podem gerar raiva e dor, e levar à violência. Inadvertidamente, mesmo as pessoas com as melhores intenções acabam gerando conflitos desnecessários.

A CNV nos ajuda a perceber além da superfície e descobrir o que está vivo e é vital em nós, e como todas as nossas ações se baseiam em necessidades humanas que estamos tentando satisfazer. Aprendemos a desenvolver um vocabulário de sentimentos e necessidades que nos ajuda a expressar com mais clareza o que está acontecendo dentro de nós em qualquer momento. Ao compreender e reconhecer nossas necessidades, desenvolvemos uma base partilhada que permite relacionamentos muito mais satisfatórios.

Junte-se aos milhares de pessoas do mundo todo que aprimoraram seus relacionamentos e suas vidas por meio desse processo simples, porém revolucionário.

Sobre o Center for Nonviolent Communication

O Center for Nonviolent Communication (CNVC) é uma organização global que apoia o aprendizado e a partilha da Comunicação Não Violenta, e ajuda as pessoas a resolver conflitos de modo pacífico e eficaz no contexto individual, organizacional e político.

O CNVC é guardião da integridade do processo de CNV e um ponto de convergência para informação e recursos relacionados à CNV, inclusive treinamento, resolução de conflitos, projetos e serviços de consultoria organizacional. Sua missão é contribuir para relações humanas mais sustentáveis, compassivas e que apoiem a vida no âmbito da mudança pessoal, dos relacionamentos interpessoais e dos sistemas e estruturas sociais, tal como nos negócios, na economia, na educação, justiça, sistema de saúde e manutenção da paz. O trabalho de CNV está sendo realizado em 65 países e crescendo, tocando a vida de centenas de milhares de pessoas por todo o mundo.

Visite o site **www.cnvc.org** onde poderá saber mais sobre as atividades principais da organização:

- Programa de Certificação
- Treinamentos Intensivos Internacionais
- Promover Formação em CNV
- Patrocínio de projetos de mudança social através da CNV
- Criação ou ajuda na criação de materiais pedagógicos para ensinar CNV
- Distribuição e venda de materiais pedagógicos de CNV
- Promover ligações entre o público em geral e a comunidade de CNV

The Center for Nonviolent Communication
9301 Indian School Rd NE, Suite 204. Albuquerque, NM 87112-2861
USA. Tel: 1 (505) 244-4041 | Fax: 1 (505) 247-0414

Sobre o autor

Marshall B. Rosenberg, Ph.D., fundou e foi diretor de serviços educacionais do Center for Nonviolent Communication – CNVC, uma organização internacional de construção de paz. Além deste livro, é autor do clássico *Comunicação Não Violenta* e de muitas obras sobre este tema. Marshall foi agraciado com o Bridge of Peace Award da Global Village Foundation em 2006, e com o prêmio Light of God Expressing Award da Association of Unity Churches International no mesmo ano.

Tendo crescido num bairro violento de Detroit, Marshall interessou-se vivamente por novas formas de comunicação que pudessem oferecer alternativas pacíficas às agressões que ele presenciou. Esse interesse motivou seus estudos até o doutorado em Psicologia Clínica da University of Wisconsin em 1961, onde foi aluno de Carl Rogers. Estudos e vivências posteriores no campo da religião comparada o motivaram a desenvolver o processo de Comunicação Não Violenta.

Marshall aplicou o processo de CNV pela primeira vez em um projeto federal de integração escolar durante os anos 1960 com a finalidade de oferecer mediação e treinamento em habilidades de comunicação. Em 1984 fundou o CNVC, que hoje conta com mais de 200 professores de CNV afiliados, em 35 países do mundo inteiro.

Com violão e fantoches nas mãos, e um histórico de viagens a alguns dos lugares mais violentos do planeta, dotado de grande energia espiritual, Marshall nos mostrou como criar um mundo mais pacífico e satisfatório.

Texto composto na fonte Gelasio.
Impresso em papel Pólen Soft 80gr pela gráfica Cromosete.